ÉTUDES DE PHILOSOPHIE NATURELLE
3me SÉRIE : N° 4

SOURCES NATURELLES

DU

SURNATUREL

(Avec Planche)

PAR

J.-ÉMILE FILACHOU

Docteur ès-Lettres.

Tout surnaturel est naturel ; mais tout naturel n'est pas surnaturel.

MONTPELLIER
Félix SEGUIN, Libraire-Éditeur
Rue Argenterie, 25.

PARIS
DURAND & PEDONE-LAURIEL
Rue Cujas, 9.

1878

Suite des Ouvrages du même Auteur

N° 7. Démonstration psychologique et expérimentale de l'existence de Dieu. 1 vol. in-12. 1873.

N° 8. De l'ordre et du mode de décomposition de la lumière par les bords minces. 1 vol. in-12.

N° 9. Le système du monde en quatre mots. 1 vol. in-12.

N° 10. Classification raisonnée des Sciences naturelles. 1 vol. in-12.

2ᵉ SÉRIE : N° 1. La mécanique de l'esprit conforme aux principes de la classification rationnelle. 1 vol. in-12.

N° 2. Organisation et unification des sciences naturelles. 1 vol. in-12.

N° 3. L'Histoire naturelle éclairée par la théorie des axes (avec planche). 1 vol. in-12.

N° 4. La mécanique de l'esprit par la trigonométrie. 1 vol. in-12.

N° 5. La Classification rationnelle et le Calcul infinitésimal. 1 vol. in-12.

N° 6. La Classification rationnelle et la Phénoménologie transcendante (avec planche). 1 vol. in-12.

N° 7. La Classification rationnelle et la Géologie (avec planche). 1 vol. in-12.

N° 8. La Classification rationnelle et la Pragmatologie psychologique. 1 vol. in-12.

N° 9. La Classification rationnelle et la Pneumatologie mécanique. 1 vol. in-12.

N° 10. Éléments de Psychologie mathématique. 1 vol. in-12.

3ᵉ SÉRIE : N° 1. Identité du Subjectif et de l'Objectif (avec planche). 1 vol. in-12.

N° 2. Le vrai système général de l'Univers. 1 vol. in-12.

N° 3. Origine des Météorites et autres corps célestes. 1 vol. in-12.

Montpellier. — Typogr. BOEHM et FILS.

ÉTUDES DE PHILOSOPHIE NATURELLE

3ᵐᵉ **Série : N⁰ 4**

SOURCES NATURELLES

DU

SURNATUREL

POUR PARAITRE SUCCESSIVEMENT :

N° 5. Prodrome de Chimie rationnelle. 1 vol. in-12.

N° 6. Du premier instant dans la série des êtres et des événements. 1 vol. in-12.

N° 7. Fins et moyens de Cosmologie rationnelle. 1 vol. in-12.

N° 8. De la Contradiction en philosophie mathématique. 1 vol. in-12.

N° 9. Du Péché originel et de son irrémissibilité. 1 vol. in-12.

N° 10. Transcendance et variabilité des idées réelles. 1 vol. in-12.

4° Série : N° 1. Grâce et Liberté, fondements du monde visible. 1 vol. in-12.

Montpellier. — Typ. BOEHM et FILS.

ÉTUDES DE PHILOSOPHIE NATURELLE

3ᵐᵉ SÉRIE : **N° 4**

SOURCES NATURELLES

DU

SURNATUREL

(Avec Planche)

PAR

ÉMILE FILACHOU
Docteur ès-Lettres.

Tout surnaturel est naturel ; mais tout naturel n'est pas surnaturel.

MONTPELLIER	PARIS
Félix SEGUIN, Libraire-Éditeur	DURAND & PEDONE-LAURIEL
Rue Argenterie, 25.	Rue Cujas, 9.

1878

©

AVANT-PROPOS

Un homme qui nous dirait : On voit les *forces* la nuit et les *effets* le jour, ou bien le jour montre les *effets*, et la nuit les *forces*; ou bien encore les *réalités* nous apparaissent en raison de l'intensité des ténèbres, et leurs *formes* en raison de l'intensité de la lumière, nous parlerait sans doute un langage inintelligible, et nous croirions peut-être qu'il ne se comprend pas lui-même. Cependant, il pourrait bien avoir raison et se comprendre parfaitement; et pour lors il n'aurait envers nous que le tort d'énoncer des vérités auxquelles nous ne saurions atteindre, de la même manière qu'on ne peut se rendre compte d'une formule mathématique très-exacte, mais donnée sans la proportion propre à l'établir. Effectivement, les *forces* ne sont point *objectivement* percevables, et leurs *résultats* le sont. Or, la lumière est une révélation *objective*, elle montre les objets; la *conscience*, au contraire, révèle seulement tout d'abord le dedans ou le sujet, mais, le révélant, elle ne le convertit point de suite ou par cela seul en objet apparent, et d'ailleurs toutes les premières forces sont essentiellement subjectives. Donc on doit voir réellement les forces la nuit et les effets le jour.

Que sont donc les effets? Une simple condition de connaissance des *états*, du *nombre* et du *degré* des forces; car, quand on veut remonter au procédé fondamental de la Science, on se convainc bientôt qu'elle s'acquiert tout entière dans un travail d'élaboration exercée par les sujets sur eux-mêmes et par laquelle ils cherchent incessamment à séparer (comme on dit) le vrai du faux, mais par là même, plus généralement, à démêler la lumière et les ténèbres, en observant toujours de placer du côté de la lumière les effets et du côté des ténèbres les forces, puisque, encore une fois, les effets sont toujours visibles, les forces non. Aujourd'hui, nous entreprenons un semblable travail sur la question du *Naturel* et du *Surnaturel*, deux notions d'abord confuses et très-mal nommées, car, pour nous, elles sont d'abord identiques, et le *vrai* Naturel doit être parfait, tandis que le *prétendu* Naturel communément admis, dont les imperfections sautent aux yeux, ne peut être qu'une mutilation ou corruption de celui-là.

Cassagnoles, ce 12 mars 1878.

SOURCES NATURELLES

DU

SURNATUREL

~~~~

1. Les deux notions du *Naturel* et du *Surnaturel* sont deux notions complexes qu'on ne distingue point de prime-abord aisément, car elles impliquent, toutes deux, les mêmes facteurs, et ne diffèrent alors que par le degré *formel* et non matériel d'où provient en même temps leur indistinction *apparente*. Une application de cette idée va la rendre immédiatement intelligible. Nous admettons, nous, que le Surnaturel est au Naturel comme 1^3 est à $1^2 + 1^1$. Le Surnaturel a donc le Naturel, une fois implicitement *au dedans* de lui-même, une autre fois

explicitement *en dehors*, et ne l'exclut jamais par conséquent, même en l'objectivant. Au contraire, le Naturel a le Surnaturel en dehors et l'exclut toujours de fait (sinon en principe), par la même raison qu'on ne saurait jamais voir la troisième puissance en la seconde ni la première séparées. Ainsi, nous croyons pouvoir et devoir même généralement séparer ces deux notions, sans les supposer par là-même radicalement inalliables.

2. Notre but une fois sommairement indiqué, nous voudrions pouvoir dire aussi brièvement comment nous espérons l'atteindre; mais, en raison de l'extrême confusion d'idées ici régnantes, nous ne saurions y songer présentement; et, pour commencer à nous orienter, nous examinerons d'abord analytiquement en quels sens plus ou moins larges on a coutume de prendre les deux expressions du Naturel et du Surnaturel, objets principaux respectifs des deux enseignements *scientifique* et *religieux*.

Les deux notions plus vulgaires et plus générales de la *Science* sont notoirement celles d'*être* et d'*acte*, toujours (à son point de vue) *naturels*. La Révélation, intervenant, s'approprie les deux mêmes notions, mais elle les érige immédiatement en *niveau supérieur*, et relègue ainsi du même coup leurs analogues, invoquées par les sciences naturelles, en un degré plus bas.

" De plus, la Science, censée toujours exclure ainsi de son sein le Surnaturel, se divise en deux : l'une *rigide*, et l'autre *modérée*. La Science *rigide*, qui refuse, non-seulement de s'occuper, mais encore d'admettre toute possibilité du Surnaturel, appelle *être* — et par là même être *naturel* — tout ce qui tombe sous le sens *externe* ; et, comme tout ce qui tombe sous le sens externe est plus ou moins étendu ou figuré, l'être de cette Science essentiellement matérialiste est le *corps*. L'être corporel, une fois seul admis, est ou *réel* ou *apparent*. Réel, il est réel-*apparent* ou réel-*latent*. Apparent, il est apparent-*réel* ou apparent-*imaginaire*. De là, le tableau suivant des divers états (aux yeux de la science matérialiste) de l'être *naturel*.

$$\text{Corporel} = \begin{cases} \text{Réel} = \begin{cases} \text{Apparent..} & \text{par ex.: le soleil vu dans le ciel.} \\ \text{Latent. ...} & \text{par ex.: le calorique insensible.} \end{cases} \\ \text{Apparent} = \begin{cases} \text{Réel......} & \text{par ex.: le soleil vu dans l'eau.} \\ \text{Imaginaire.} & \text{par ex.: une montagne d'or[1].} \end{cases} \end{cases}$$

La Science moins rigide, que révolte un aussi cru matérialisme, définit l'*être:* tout ce qui tombe sous le sens *externe* ou *interne* ; elle ne refuse point par conséquent d'admettre, à côté de l'être *corporel*, l'être *spirituel* ou l'*esprit*, qu'elle prétend d'ailleurs aussi positivement observable que le corps, quoique par une autre voie; mais comme elle ne le désigne ordinairement que par des caractères négatifs tels que ceux d'*in-*

---

[1] Ce tableau, construit dans l'esprit du matérialisme pur, est clairement fautif et doit, pour devenir exact, être remplacé par le suivant :

$$\text{Réel} = \begin{cases} \text{Apparent} = \begin{cases} \text{Immédiat..} & \text{par ex.: tout ce qu'on touche ou sent.} \\ \text{Médiat. ...} & \text{par ex.: tout ce qu'on perçoit par intermédiaires.} \end{cases} \\ \text{Latent} = \begin{cases} \text{Rationnel..} & \text{par ex.: les esprits auteurs ou recteurs des phénomènes.} \\ \text{Imaginaire.} & \text{par ex.: les prétendues substances phénoméniques, matière, calorique, etc.} \end{cases} \end{cases}$$

étendu, d'*incomplexe*, etc., la notion qu'elle en a demeure celle d'un inconnu réel, dont on peut dire qu'il est, sans pouvoir dire quel il est. La Science immatérialiste elle-même n'a donc point d'idée nette et distincte de l'*esprit*, comme elle n'en a point d'ailleurs du *corps*. Puis, est-il possible de reconnaître irréfragablement par voie interne certains esprits tels que l'esprit universel ou *Dieu*, et les esprits spéciaux ou les *anges?* Non assurément, au moins de prime-abord. Les immatérialistes sont donc ici d'accord avec les matérialistes pour nier tous ces autres êtres qui pourtant, suivant la Révélation, doivent s'adjoindre à l'esprit *humain*, pour constituer avec ce dernier les trois degrés d'êtres figurables par la série des expressions potentielles 1^3, 1^2, 1^1.

La Révélation ne dénie point, de son côté, *toute* existence *réelle* aux êtres corporels; mais cette *réalité*, qu'elle consent à leur attribuer, ne pouvant jamais être *absolue* comme celle qu'elle prête aux esprits potentiels, est seulement (en qualité de *formelle* ou de *sensible*) *relative*, et vaut ainsi seulement à titre, ou de *complexion réelle*, appelée *somme* en arithmétique, *masse* en physique, ou bien encore de *simple apparence réelle*, analogue, par exemple, à l'image du soleil vu dans l'eau. Sous ce rapport, elle triomphe évidemment déjà des matérialistes purs, incapables tout à la fois et de *nier* et de *montrer* les éléments de leurs prétendus êtres réels immédiatement abaissés alors au rang de *sommes* ou de *Fantômes*. Mais, du même coup, elle triomphe aussi pleinement des immatérialistes méticuleux. Car quelles autres raisons que *l'induction* et *l'analogie* ces derniers peuvent-ils avoir, par exemple, d'admettre, chez les autres êtres organisés comme eux, une âme semblable à la leur ?... Or, ces âmes, qu'ils supposent alors exister pour *régir* ou mouvoir des organismes tout formés, sont assurément moins parfaites en leur genre que celles dont la fonction serait de les *former* ; et, s'il peut être permis, par induction ou par analogie, d'attribuer certains phénomènes ressemblants à la présence d'esprits semblables, force est d'attribuer, au même titre, à la présence d'esprits tout différents ou supérieurs, la production de phénomènes tout différents ou supérieurs encore. Donc, en fait d'*être*, la Révélation se montre bien plus clairvoyante ou judicieuse que la Science profane.

S'occupant des *actes*, la même science les envisage (comme tout à l'heure les *êtres*) par leur côté le plus grossier ou le sensible, et tient :

1º Pour *naturels* ou vrais, tous ceux qui, suivant le cours ordinaire des choses, arrivent : ou *sous forme passive*, soit par entraînement *irrésistible*, soit par simple provocation *déterminative*, si par hypothèse ils ne sont d'ailleurs tout à fait spontanés; — ou *sous forme active*, soit par répulsion *nécessitante* interne, soit par suggestion *effective* intellectuelle, s'ils ne sont d'ailleurs tout à fait spontanés encore, etc.

2º Pour *surnaturels* ou chimériques (à son avis), tous ceux qui, s'éloignant du cours ordinaire des choses, seraient censés provenir *extraordinairement* d'influences occultes ou mystérieuses, telles que la *Grâce* dans le système de la Révélation. Par la manière dont nous venons de définir les actes *naturels*, on a pu s'apercevoir qu'il règne à cet égard, entre les Naturalistes, une nouvelle divergence d'Idées. Les rigides sont ceux qui, ne tenant pour naturels ou vrais que les actes pleinement déterminés du dehors ou du dedans par *passion* ou par *affection*, relèguent les actes *spontanés*, aussi bien que les *surnaturels*, au nombre des chimères. Les moins rigides, au contraire, ne refusent pas de croire aux actes naturels *spontanés*, mais ils y croient seulement comme à des actes de pur arbitraire ou de caprice. La Révélation, non moins prompte que ces derniers à défendre le principe social du libre-arbitre, ne saurait par là-même se montrer moins favorable qu'eux à la reconnaissance des actes *spontanés* : Seulement, au lieu d'en faire avec eux des actes de pur arbitraire ou de caprice, elle les place — sauf les cas très-possibles où ils seraient par hypothèse tels — sous l'influence de la *grâce* ou de *suggestions surnaturelles*. Et la raison en est manifeste. Si, dans le cas de détermination par simples provocation ou suggestion naturelles, ni la provocation ni la suggestion ne sont censées enlever ou suppléer le libre arbitre, mais en réclament au contraire le concours, il faut bien admettre que le Vouloir présupposé jusqu'à cette heure flottant, mais non inerte, se dirige désormais spontanément ou de lui-même dans leur sens ou direction ; c'est pourquoi l'acte intervenant est comme la résultante du mouvement *initial* et du mouvement spontané *subséquent* fondus ensemble. Or, quand l'homme agit sous l'influence de la grâce au sens de la Révélation, rien n'oblige de supposer à la grâce plus ou moins d'efficacité qu'on en attribue dans le cas précédent aux influences naturelles. Donc, n'importe quel est ou peut être le genre des mobiles ou motifs déterminants, le rôle humain reste le même, et, puisque ici la science n'a pas su plus comprendre où commençait qu'où finissait le libre arbitre, elle demeure infiniment en arrière de la Révélation, aux yeux de laquelle il expire d'une part, par manière de suicide, dans le caprice, en même temps qu'il intervient d'autre part, comme mort-né, dans les états extrêmes de passion aveugle ou d'affection irréfléchie.

3. Malgré sa concision, le paragraphe précédent peut se résumer ainsi qu'il suit :

Impossible de voir *exclusivement* le Surna-

turel dans l'*esprit*, et le *Naturel* dans le *corps*, ou bien encore le *Surnaturel* dans le simple acte spontané de *détermination propre*, et le *Naturel* dans le seul agir *fatalement* ou du moins *objectivement déterminé*. Car, pour pouvoir être d'un autre avis, il faudrait, ou bien, avec les purs matérialistes, ne pas tenir compte, à côté de la conscience *externe*, de la conscience *interne*, qui ne saurait en aucun cas avoir moins de valeur; ou bien, avec les immatérialistes méticuleux, ne pas savoir de nouveau tenir compte, dans la conscience *interne* elle-même, soit de la *diversité* de puissance ou de causalité correspondante aux divers degrés superposés d'exercice réel, soit de l'*hétérogénéité* des mobiles ou motifs capables d'influer du dehors ou du dedans sur la marche du libre arbitre, tant pour la poursuite que pour la première émission des actes. D'après cela, les matérialistes rigides qui nient tout ce qui ne tombe pas sous le sens externe, sont tout bonnement comparables à des gens qui ne voient pas plus loin que leur nez; et les immatérialistes pusillanimes, à leur tour, ressemblent à des gens qui ne désavouent point sans doute ce qu'ils voient, mais qui bornent néanmoins à ce qu'*ils voient* tout le *visible*, comme si les mots *visible* et *vu* pouvaient avoir le même sens. Mais les hommes de la Révélation sont au contraire dans leur droit contre eux tous, quand, ainsi que nous l'avons fait observer, ils leur démontrent : ou bien, d'une part, que leurs prétendus êtres réels ou les *corps* ne sont que des *formes réelles*, comme ces *formes* seules ne sont en soi que des *imaginaires* ; ou bien encore, d'autre part, que leur prétendu libre arbitre, en sa plus belle efflorescence, n'est qu'un acte éclatant de folie, s'il est réel, et ne peut ainsi s'amender qu'en s'assouplissant, non plus aux seuls mobiles abrutissants du monde visible, mais aux pures et larges inspirations de l'invisible. Ces derniers ne sauraient toutefois, alors, être extra-mondains ou chimériques. Le *Surnaturel* n'existe donc point en dehors, mais au dedans même du *Naturel ;* ou bien, quoique parfaitement distincts, le Naturel et le Surnaturel ne sont pas séparés : ils coexistent, ils sont juxtaposés, ils fonctionnent ensemble ; et la vraie science ne consiste point par conséquent à les nier l'un ou l'autre, mais à savoir les distinguer et reconnaître clairement.

4. Cette dernière conséquence est trop importante pour n'être qu'indiquée; nous allons essayer de la démontrer analytiquement au moyen d'un exemple. Soit devant nous une machine d'Atwood, et supposons que, au moment où les deux poids égaux opposés, supportés par le fil enroulé sur la poulie, sont en équilibre et à même hauteur, nous ajoutons à l'un d'eux le poids différentiel, par exemple d'un gramme, propre à déterminer la chute du poids ainsi grossi : dans ce cas, le mouvement déterminé de chute a deux causes, savoir : 1° *Nous* qui déposons le gramme sur le poids préféré ; 2° l'*attraction* accélératrice agissant sur le gramme déposé, dans l'instant même de la déposition, pour entraîner la chute. Or ces deux causes-là, simultanément actives, sont bien différentes l'une de l'autre et même hétérogènes ; et, pour en indiquer immédiatement la différence et l'espèce, nous nommerons l'une *occasionnelle* et *conditionnelle*, l'autre *effective* et *principale*. Il est évident d'abord

que si nous ne déposions le gramme sur l'un des poids, le mouvement en question n'aurait pas lieu ; mais est-ce à dire pour cela que notre seule déposition du gramme sur le poids préféré suffit à déterminer la chute ? Nullement ; car si par hypothèse, au lieu d'appliquer le gramme *sur* le poids, nous l'eussions appliqué *dessous*, — *ce qui, de notre part, eût été la même chose*, — le mouvement déterminé n'eût pas eu lieu. Ce mouvement arrivant, d'une part, par suite de ce que nous faisons, nous y contribuons donc ou nous le *conditionnons*. Mais, d'autre part, il implique, indépendamment de notre fait, une autre cause qui, joignant son fait au nôtre, le rend immédiatement utile et produit la chute ; cette seconde cause est donc le vrai principe radical, d'abord expectant, puis effectif, et nous ne sommes là qu'une cause occasionnelle ou secondaire. Ce n'est pas tout : il suit encore de là qu'un même fait, tel que la chute d'un corps, peut dépendre à la fois de deux causes, non égales peut-être, mais également concourantes. Ce fait unique, très-visible et très-palpable, est un fait évidemment *naturel*. De plus, — puisque les deux causes présupposées y concourent également, — si l'une d'elles est *naturelle*, l'autre doit l'être aussi. Néanmoins, dans l'exemple actuel, nous avons reconnu qu'elles ne sauraient être homogènes en tout, ou bien que, indépendamment de leur application *actuelle* commune, elles jouent deux rôles très-distincts et très-dissemblables, tels que ceux de cause occasionnelle secondaire et de cause effective principale. Il y a donc ici, pour l'une d'elles, d'adjoint au rôle *naturel*, qui n'est point exclu pour cela seul, un second rôle respectivement exceptionnel ou privilégié, faisant défaut à l'autre cause, et c'est alors ce dernier rôle, étranger à l'une des causes, qui confère à l'autre cause et à son rôle tout ensemble la note ou qualité de *surnaturel*. Ainsi, le *Naturel* peut n'être que naturel, et le Surnaturel peut être à la fois surnaturel et naturel.

5. La précédente démonstration de notre thèse nous paraît sans réplique possible : il serait donc tout à fait inutile d'insister là-dessus, et nous pourrions passer de suite aux applications,

s'il n'importait ici d'indiquer à grands traits les caractères inséparables du Surnaturel, afin de pouvoir ensuite le reconnaître d'un coup d'œil ou le signaler d'un mot partout où il sera. Pour trouver et démontrer ces caractères, nous reviendrons un moment sur la cause effective et radicale de chute, dite *force attractive*, que nous considérions tout à l'heure, et qui nous offre le plus heureux type immédiat d'un véritable agent surnaturel en ces deux caractères exceptionnels :

1° *De n'être jamais faite;*

2° *D'être toujours et partout, explicitement ou implicitement active.*

D'abord, la force d'attraction n'est pas faite. Parmi les sources de cette Force qu'on pourrait hypothétiquement vouloir assigner, nous en distinguons trois, résumant (si nous ne nous trompons) toutes les autres; ces trois sources seraient : ou *Nous*, ou la *Terre*, ou le *synchronisme cosmique*. Or, aucune de ces sources n'est valable.

Serait-ce nous qui ferions naître l'attraction, par exemple, en déposant, comme naguère dans l'exemple cité, le gramme *sur* l'un des poids égaux en équilibre préalable ? Là, comme nous l'avons déjà fait observer, notre action se borne à déposer le gramme. Or, si là, déposant le gramme sur le poids, nous avions pour effet *personnel* de déterminer par là-même un acte d'attraction *tout passif alors* vers le *bas*; appliquant le gramme *sous* le poids, nous devrions par la même raison pouvoir faire agir symétriquement l'attraction de notre crû vers le *haut*. Cet effet inverse ne se produisant jamais, notre application du gramme *sur* le poids est donc un acte absolument improductif par lui-même et seulement bon à fournir à l'attraction, préexistante d'ailleurs, l'occasion d'agir avec l'éclat qu'elle témoigne après l'apposition.

Serait-ce, ensuite, la Terre qui donnerait naissance à l'acte d'attraction? Pas davantage. Newton, tout en admettant comme au moins *apparente* l'attraction terrestre, a parfaitement démontré que tout l'ensemble de la matière terrestre exerce cette action apparente sur les corps détachés d'elle, comme si la force attractive était réunie à son *centre*. Quand, alors, le Centre de la terre est censé porter son attraction sur le gramme additionnel, il le fait, soit comme *présent à plusieurs lieux à la fois*, de la même manière que, nous trouvant en France, nous ne laisserions pas d'être en état de jeter en bas de son trône, aux bords de la Sprée, l'empereur d'Allemagne, soit comme *manœuvrant par effluves ou jets*, de manière à ramener vers soi, sur leur retour, tous les corps qui ne seraient point suffisamment retenus à distance. Or, admettre, comme dans le premier cas, la présence actuelle de la force centrale hors du centre même et en tels lieux qu'on voudra, c'est entrer à pleines voiles dans le Surnaturel, qu'on voulait éviter. Admettre ensuite, comme dans le second cas, que le centre de la terre peut émettre comme des fils par lesquels il attire tout à soi, c'est aller à la fois contre la raison et l'expérience, d'après lesquelles l'opération de ces fils ne devrait pas être moins répulsive qu'attractive, et n'agirait d'ailleurs jamais à vide. Nulle des deux manières de concevoir le phénomène n'est donc admissible. Donc le centre de la terre n'agit point comme agent ou principe d'attraction.

Ce que ni nous ni le centre de la terre ne

pouvons faire, le synchronisme le ferait-il? Nous devons l'idée de cette solution à Herbart. Cet ingénieux philosophe a pensé que l'attraction universelle pouvait être une résultante de toutes les attractions particulières infiniment petites, associées et se transmettant par synchronisme, de la matière cosmique pondérable, où l'attraction trouve toujours un foyer incessant d'oscillation, à la matière cosmique impondérable répandue en tous lieux et vibrant par suite à l'unisson depuis le centre de l'univers jusqu'à ses dernières limites. Suivant lui, le monde fonctionnerait alors en grand et dans ses parties pondérable et impondérable, comme le fait un ventricule dans les deux périodes de diastole et de systole ; et ce serait par le mouvement de systole que s'introduirait le phénomène de la gravitation universelle. Mais qui n'a déjà compris que, au cas où le mouvement de systole engendrerait l'attraction, le mouvement de diastole, faisant par intermittence suite au précédent, devrait immédiatement la suspendre et produire intermédiairement la répulsion, contrairement à l'expérience la plus universelle et la plus constante?

Donc, tout bien considéré, la troisième hypothèse n'est pas plus heureuse que les précédentes, et nous pouvons conclure en toute sûreté de conscience que la force radicale d'attraction n'est jamais faite ni n'a besoin d'être faite pour être.

En second lieu, la force d'attraction est, partout et toujours, ostensiblement ou secrètement active.

Supposons d'abord un corps quelconque, par exemple un gramme de matière, posé sur le sol : on le dirait là gisant dans un repos complet; il n'en est rien cependant. Car la force d'attraction le colle au sol; et la preuve en est que, pour le soulever, il faut exercer un certain effort au moins égal ou même supérieur à la pression de la force attractive, ainsi mesurable, quoique latente.

Ce gramme une fois soulevé par hypothèse, si nous cessons un moment de le soutenir, que deviendra-t-il? Il tombera nécessairement ; mais cette fois, pour descendre, il n'a pas besoin d'aide, il tombe tout seul ou sans nous, en vertu de l'attraction ; et, la chute étant manifeste, l'effet actuel de l'attraction l'est également.

Ainsi, qu'un corps soit en repos ou en mouvement, la force attractive, latente ou patente, est constamment active.

Mais le serait-elle aussi par hasard en tous les lieux du monde? Sans contredit. Dans l'atmosphère, par exemple, si les nuées descendent, si les gouttes de pluie tombent, leur descente ou chute est un effet immédiat de l'attraction. Si, sur terre, nous voyons les feuilles se détacher des arbres et joncher le sol, c'est par la même cause. Si, sur mer, les pierres, les métaux, s'enfoncent, c'est en vertu de l'attraction encore. Enfin, si, dans les cieux, la lune circule autour de la terre, et la terre autour du soleil, c'est en vertu de l'attraction, combinée cette fois avec la vitesse tangentielle et l'empêchant ainsi d'emporter la planète ou le satellite dans une direction excentrique. La force d'attraction est donc partout active et toujours efficace, quoique ce ne soit pas partout et toujours avec le même éclat. Les variations qu'elle comporte sont : 1° quand elle est immanente ou latente, d'agir avec une intensité inversement proportionnelle au carré de la distance comprise entre le foyer de la force et l'objet présupposé distinct d'application; 2º quand elle est actuelle et patente, d'accélérer ou de retarder, en cas de chute ou d'ascension, le mouvement d'une manière uniforme.

Les conclusions de ces prémisses sont les suivantes :

1º Toujours active, la force d'attraction est *éternelle*;

2º Partout active, elle est *universelle*;

3º Secrètement active, elle varie en *puissance* d'application au dehors;

4º Ostensiblement active, elle varie en *acte* d'application externe.

De ces quatre caractères, les deux premiers (l'éternité et l'universalité) conviennent à la force d'attraction comme *surnaturelle*; les deux derniers (la variabilité de puissance et la variation d'acte) lui conviennent comme *naturelle*.

6. La force d'attraction étant ainsi constituée, toutes les autres forces analogues, s'il en existe, doivent offrir les mêmes caractères. Inversement, si nous en trouvons d'autres qui lui ressemblent, elles sont aussi simultanément *surnaturelles* et

naturelles. Pour découvrir alors s'il en existe d'autres semblables et quelles elles sont, il nous suffira d'en étudier les caractères respectifs ; car, dans tous les cas où l'un d'eux commence à se déclarer, les autres ne peuvent faire défaut et doivent apparaître tôt ou tard. Nous démontrerons que ces forces, surnaturelles et naturelles à la fois (la force d'attraction comprise), existent au nombre de neuf. Classées ou rangées de trois en trois, elles constituent trois ordres de *forces* ; mais ce nom de *force* ne demeure guère affecté qu'aux trois du premier ordre, l'usage ayant introduit d'autres dénominations pour les trois forces de chacun des deux ordres suivants.

Les trois forces du premier ordre sont les *forces* du monde *sensible*, et se nomment *attraction, répulsion, impulsion*. Les trois forces du second ordre sont les *facultés* du monde *intellectuel*, et se nomment *idée, jugement, raisonnement*. Les trois forces du troisième ordre sont les *grâces* du monde *spirituel*, et se nomment *prévenance, reconnaissance, complaisance*.

7. Relativement aux trois forces du premier ordre, appelées *attraction*, *répulsion* et *impulsion*, nous avons le rare bonheur d'être en parfait accord de principes, et même peut-être de langage, avec les hommes de science. Comme se référant au même centre d'activité, les deux premières peuvent être dites forces *centrales*; et comme appliquée normalement à leur direction commune, la troisième est dite *tangentielle*. Soit un point mobile M (*fig.* 1), assujéti dans l'espace à ces trois forces relatives combinées : la force *attractive* ou centripète est celle qui non-seulement le rattache en principe au centre, mais encore tend, s'il s'en écarte, à l'y ramener incessamment. La force *répulsive* ou centrifuge est celle qui fait obstacle au premier effet de la force attractive et l'annule même en quelque sorte, par l'échec constant qu'elle lui fait subir. Enfin, la force *impulsive* ou tangentielle est celle qui, profitant de leur équilibre actuel, emporte autant qu'elle peut le point mobile dans la direction normale à la préalable direction des deux forces centrales associées. Par ces définitions des trois forces du premier

ordre, on comprend déjà qu'elles doivent, au moins *rationnellement*, intervenir dans l'ordre dans lequel nous venons de les nommer; mais il peut n'être pas inutile d'en donner la preuve.

Soit O (*fig.* 1) le centre commun réel des deux forces *centripète* et *centrifuge* représentées: la première, par OM, et la seconde (en l'imaginant rendue, de répulsive en O, attractive en R) par MR = OM. Soit en outre M le point d'application de la force *tangentielle* représentée par MT. D'après ce que nous savons déjà, les deux forces *centripète* et *centrifuge* devant s'équilibrer en M, ce point est là tout d'abord en parfait repos apparent, comme s'il était déposé sur une surface. Cependant, il ne doit pas laisser d'être comme secrètement tiré de part et d'autre au même degré par les deux forces centrales; c'est pourquoi, si par hypothèse nous posons l'une égale à V^2, l'autre aura la même valeur V^2; et la force *tangentielle*, comme comparable et rectangulaire à l'une ou l'autre des deux précédentes (par une raison facile à déduire du parallélogramme des forces) sera pareillement égale à V^2. Seulement, les deux forces *centri-*

pète et *centrifuge*, étant respectivement comme $+ V^2$ et $- V^2$, se détruisent en apparence ; et rien n'annulera de prime-abord MT $= \pm V^2$, à moins que la force attractive OM, réveillée comme en sursaut par l'attentat de MT sur M, n'opère immédiatement sur ce point un subit mouvement de reprise tendant à le rapprocher de nouveau du centre O. Dirigée seulement contre la force tangentielle, cette nouvelle action de l'attraction OM fait alors à son égard le même office de résistance qu'elle éprouve déjà secrètement elle-même de la force répulsive MR; c'est-à-dire que, si MT ne bougeait pas, OM ne bougerait pas davantage. Mais, par la même raison, si d'abord OM n'avait pas bougé, MR n'eût pas bougé non plus. Donc le vrai principe radical de tout le mouvement est OM ou l'*attraction*, qui suscite d'abord MR ou la *répulsion*, avant que le tout ou bien OM + MR suscitent à leur tour MT, dont la sortie remet finalement OM en scène.

Partant de là, nous pouvons très-bien définir déjà les rôles respectifs des forces *attractive*, *répulsive* et *impulsive*, en disant que la première allant de M (ou M') vers O, débute en M (ou M') par *zéro*, pour devenir en O égale à V^2 ; que la seconde, alors suscitée tout d'un coup, prend la même valeur V^2 en sens inverse de la précédente, d'où résulte leur apparente annulation respective, d'une part, mais aussi, d'autre part, la subite apparition de la troisième, qui continue cette fois le mouvement par suite d'opposition initiale incessante entre les deux seules forces désormais aux prises *centripète* et *tangentielle*.

8. Dans ce qui précède, nous venons de décrire l'ordre successif rationnel des trois forces radicales, sans nous expliquer sur leur arrangement en ensemble simultané. Nous nous ferons actuellement une idée de cet ensemble, si nous considérons : d'abord, comment il est possible d'imaginer, par exemple, que les trois dimensions de l'espace (longueur, largeur et profondeur) sortent l'une de l'autre et soient pourtant simultanées; puis, que cette compatibilité du successif et du simultané, tient justement à l'incompatibilité même des trois fonctions en concours;

car il résulte de cette entière *hétérogénéité* de *fonctions* que l'*exercice* de la seconde est aussi possible au début de la première, que celui de la troisième au début de la seconde, quand le début de chacune est exempt de retard. Est-ce qu'on ne conçoit point, par exemple, deux ou trois leviers si fixement et raidement liés ensemble, que le mouvement seulement communiqué par hypothèse à l'un d'eux suffise pour entraîner dans son mouvement de rotation tous les autres ?.. Telle est donc ici la signification du successif rationnel : il signifie, non une succession sensible ou temporelle, mais une transmission intelligible, nullement exclusive de coexistence ; c'est pourquoi la simultanéité s'accommode finalement de la succession, comme la succession s'accommode à son tour de la simultanéité.

Cette situation respective de forces corrélatives tour à tour incompatibles en principe et compatibles de fait, ou *vice versa*, se traduit en phénomène objectif par les états de superposition *centrale* d'abord, et d'opposition, soit *diamétrale* (ou bout à bout), soit *normale* (ou rectangulaire) ensuite. L'opposition diamétrale existe entre les deux forces centripète et centrifuge. L'opposition rectangulaire règne entre les deux forces centripète et tangentielle. Se condamnant l'une l'autre au repos, les deux forces centripète et centrifuge diamétralement opposées engendrent un état statique invariable. Saisies d'opposition rectangulaire, les deux forces centripète et tangentielle, atteignant mais ne dépassant jamais les limites de la provocation, instituent le mouvement indéfini révolutif. Par la réunion de ces deux états *statique* et *dynamique* incessants, le sein de l'Activité radicale se trouve être finalement le siège d'un mouvement et d'un repos éternels.

9. Du reste, considérées, soit au début, soit au terme de leur opposition, les deux forces centripète et centrifuge que nous avons supposées jusqu'à cette heure immanentes, peuvent se prêter elles-mêmes, en exercice contingent et temporel, à la manifestation de nouveaux phénomènes spéciaux, faisant suite aux précédents, et dignes d'être signalés à leur tour. Est-ce qu'il n'est

point possible en effet d'admettre, par exemple, que la force attractive siégeant en O, joue le rôle de sujet-objet, quand son antagoniste siégeant (effectivement du moins) en R, jouerait inversement le rôle d'objet-sujet? Vu leur état primitif de détachement absolu, cette inversion de rôles n'a rien de répugnant, mais elle peut amener aussi les appréciations les plus diverses, et faire, par exemple, que la force sise en O, tournant par hypothèse de droite à gauche, apparaisse (en certains cas inutiles à détailler ici) tourner de gauche à droite à la force sise en R, etc. Dans notre théorie des forces radicales, les phénomènes sont donc de nature à se compliquer incessamment, comme les causes elles-mêmes; et quiconque ne reculerait pas devant la tâche d'éprouver de toutes manières les données précédentes, retrouverait infailliblement ainsi toutes les propriétés des agents physiques présupposés animer ou mouvoir les corps célestes ou terrestres; mais la lumière ne peut se répandre que peu à peu sur tous ces points.

Il était dans l'esprit des données précédentes, relatives à la génération du mouvement continu circulaire, de regarder comme *absolument* fixe en O le siège de la force radicale *attractive*, et, comme *relativement* mobile, le point tournant d'application M de la force *répulsive*. Si, maintenant, la force *absolue* (radicalement *répulsive*) siégeant en M, prenant à dégoût (en sa qualité de dérivée plus spécialement variable) l'uniformité du mouvement continu circulaire, préféré lui substituer le rectiligne, elle pourra ne pas laisser de retenir le circulaire jusqu'au moment où par hypothèse elle aurait à rétrograder, comme ce serait le cas en M_1. Arrivant alors en ce point, elle devra forcément opter entre le double mouvement en arrière ou en avant, et, suivant son goût dominant pour ce dernier, elle pourra profiter en même temps de sa préalable liaison avec la force centripète pour l'entraîner avec soi dans son mouvement en avant, et transporter en conséquence le siège O de l'association des forces en O',O", etc., sur la direction OM_1O'.. Le mouvement deviendrait ainsi, de circulaire qu'il était d'abord, demi-circulaire ou sinueux ; et l'on en pourrait déduire, moyennant traitement convenable, tous les principaux phénomènes de propagation indéfinie, rectiligne en apparence, mais foncièrement sinueuse, etc.

10. En commençant à parler des trois *forces* du premier ordre, nous avons pu nous féliciter de trouver la voie frayée par les utiles travaux des géomètres ou physiciens sur la matière. Au sujet des trois *forces* du second ordre, il n'en est déjà plus ainsi ; c'est à peine si les logiciens ou psychologues nous en offrent, avec le nom abstrait, une *idée* vague, insaisissable. Par ces derniers, ici, rien n'est conçu ni défini sainement. Ils prennent ou voient tout à l'envers, à peu près comme si, marchant dans la campagne, nous prenions, à l'instar de don Quichotte, des arbres pour des moutons, ou des moutons pour des hommes. Leur demanderons-nous, en effet, quelles sont les *facultés* de l'Intellect, si Intellect il y a ? De suite, ils nous désignent à ce titre, par exemple, l'*imagination*, la *mémoire*, l'*entendement*, la *raison*, etc., toutes choses qui, prises à la rigueur, sont de simples produits formels de l'intelligence elle-même, et nullement ses modes essentiels et radicaux de penser et de connaître.

L'imagination, par exemple, qu'est-elle, sinon le laisser-aller insouciant ou fatal de l'Intellect au flux incessant des mouvements internes du Sens et de l'Esprit ? Et, de même, qu'est la mémoire, sinon un résultat de l'association des idées ? Et l'entendement encore ou la raison, que sont-ils, sinon des étiquettes comparables aux enseignes apposées sur les lieux où les voyageurs trouvent habituellement table et lit, mais bien incapables par elles-mêmes de loger ni de nourrir personne ? Après cela, les Logiciens ou psychologues nous parlent de choses plus modestes, qu'ils traitent de simples actes et nomment *idée, jugement* et *raisonnement*. Ces choses sont, à leurs yeux, comme les domestiques des prétendues facultés déjà définies ; aussi les tiennent-ils en médiocre estime ; cependant elles ne sont rien moins que les vraies *facultés* ou les vrais moyens essentiels et radicaux de penser ou de connaître, et nous sommes grandement surpris qu'on n'ait jamais su jusqu'à ce jour les envisager sous cette face.

« Erreur ! erreur ! nous dira-t-on ici peut-être, dans une pareille surprise. Est-ce donc que vous ne vous apercevez pas de l'intrinsèque banalité de tous ces actes, sans lesquels l'Intellect ne saurait faire un pas, et qui sont comme les bâtons du voyageur? » Sans doute, l'Intellect exécute à chaque pas de pareils actes ; mais voilà bien alors ce qui nous est naturel, ce qui nous vient sans nous ou ce que nous n'avons pas à faire, et ce qui d'ailleurs nous permet de faire ou fait faire, et qui notamment nous rend capables d'idéer, de juger, de raisonner à notre tour ! Voilà nos moyens et notre puissance ! Ces facultés, non plus nominales mais réelles à leur manière, non moins utiles à la pensée que les bâtons au voyageur, ne sont point, comme les fausses, un simple accompagnement obligé de notre exercice intellectuel ; elles en constituent au contraire l'*indispensable bagage* et l'*élément primitif*.

« Mais non, répliquera-t-on ; c'est là *notre œuvre* à nous, êtres pensants !... » Il faut distinguer. Sans doute, il y a bien des *idées* que nous faisons ; mais ces idées que nous faisons sont des dérivations d'une idée primitive que nous n'avons pas faite !... Il y a, de même, des jugements de notre crû, mais il y en a d'autres, tout involontaires et spontanés, qui les précédent!... Enfin, nous raisonnons très-souvent encore de nous-mêmes, mais à tort et à travers; et les seuls raisonnements vraiment facultatifs ou facultants sont, non les artificiels, que nous échafaudons avec plus ou moins de bonheur, mais les naturels, qui ne dépendent aucunement de nous!...

11. Aussi questionne-t-on les logiciens ou psychologues sur l'origine des idées : comme on les trouve peu fondés et peu d'accord ensemble! Inutile de reproduire ici leurs errements et leurs disputes sans fin; allons droit au but. Toute idée vient : ou d'un *fait* sensible préexistant, ou d'une autre *idée* préexistante. Ou mieux encore: toute *idée* vient en général d'une autre *idée*, sauf une *première idée* privilégiée, laquelle seule provient d'un *fait* sensible et primitif qui l'engendre, et dont elle est alors la fille naturelle. Cette idée première sort du fait générateur, par *abstraction*, parce que l'abstraction est l'acte *fondamental* de l'intelligence. De cette première idée sortent ensuite, successivement ou une à une, toutes les autres idées, par *détermination*,

parce que la détermination est l'acte *secondaire* de l'intelligence.

Qu'est-ce qu'*abstraire* ? C'est tout à la fois *distinguer, imaginer* et *parler*. Sans idée, d'abord, il est évidemment impossible d'accomplir aucun acte d'intelligence. L'Intellect naît et se pose donc, en même temps que l'idée naît et se pose en lui; c'est-à-dire, il naît et se pose avec l'idée. La première idée dans laquelle il naît et se pose alors, nous ne la faisons pas plus, dans notre ignorance originaire, que, non vivants encore, nous ne nous donnons la vie et l'existence. Elle nous vient donc fatalement, comme si par hasard elle se détachait elle-même — en nous — du sensible, pour se poser à part en qualité d'*abstraite et singulière*. Rien de tel n'arrive chez les animaux, où l'abstraction ne fonctionne jamais; aussi les animaux restent-ils toujours animaux. Pour nous, nous naissons hommes, parce que nous abstraisons en naissant, bien plus, *avant de naître et dès l'instant de notre conception*, par un don du Créateur ou, si l'on veut, de la Nature[1]. De temps immémo-

[1] On peut voir cette thèse de l'*innéité* de l'intelligence

rial, par conséquent, nous *distinguons* la sensation du sensible, et la représentation du représenté ; de temps immémorial, nous posons, en face de l'objet, son image, ou bien nous *imaginons* ; de temps immémorial, nous avons la conscience de cette opposition, et nous appliquons ou rapportons à l'objet le signe de l'image, c'est-à-dire, nous *parlons*. Et voilà ce qu'est alors la première idée : c'est l'idée de l'Enfant qui

soutenue dans la *Revue scientifique* (6ᵉ année, 2ᵉ série, pag. 950) ; mais nous citerons avec un plaisir tout particulier le passage suivant de Herbart (Allg. Pädagogik, S. 147) : *Das Nachdenken etwas ursprüngliches ist, das nicht gelernt werden kann.* Cette assertion est irréfutable. On ne peut donner la pensée à qui ne l'a pas ; comment s'y prendrait-on ? Pour pouvoir poser l'équation *entière* $\frac{a^3}{a^1} = a^2$, il faut avoir *préalablement* le rapport fondamental $\frac{a^3}{a^1}$; mais, ce rapport une fois conçu, le second membre a^2 s'en déduit forcément ou naturellement.

A ceux qui songeraient à nous opposer ici l'inconscience apparente de la période utérine, nous ferons observer que les choses *éternelles* et *générales* ne tombent point, à proprement parler, sous le *souvenir*. Ainsi, la *conscience*, l'*espace*, le *temps*... sont des choses connues, *dont on ne se souvient pas, comme ne se rattachant d'elles-mêmes à rien*, et qu'on remarque alors seulement par occasion.

RECONNAIT et NOMME l'Acte précédant PÈRE ou MÈRE, en même temps qu'il discerne entre *puissance* et *acte*, *principe* et *terme*, et fonde ainsi la double base *spatiale* ou *temporelle* de toute conscience plus avancée, tant *subjective* qu'*objective*, ou *interne* qu'*externe*.

12. Dans ce qui précède, nous venons de remonter analytiquement à cette dernière conséquence, par la seule considération des divers procédés usuels de l'Intellect ; mais il est encore possible de la déduire synthétiquement des rapports généraux des puissances radicales (Sens, Intellect, Esprit) entre elles.

Absolument envisagées en leur nature commune, les trois puissances *radicales* (aisément discernables, à ce titre, des facultés *secondaires* ou *formelles* à découvrir ici) sont, toutes et chacune, égales à 1^3 ; mais, *relativement* envisagées, elles n'existent plus sous le même type. La première d'entre elles ou le Sens existe seul implicitement et explicitement sous cette forme ; l'Intellect, quoique implicitement réel sous la même forme 1^3, existe explicitement sous la forme de degré moindre 1^2. Le passage (en l'Activité radicale) de l'une de ces formes à l'autre se conçoit au moyen de la division spontanée du Sens *interne* $= 1^3$ par l'*externe* $= 1^1$; ce qui donne immédiatement $\frac{1^3}{1^1} = 1^2$.

Mais, ce résultat une fois obtenu, pourquoi la même Activité n'emploierait-elle point le même procédé jusqu'au bout, c'est-à-dire, en divisant 1^2 par 1^1, ce qui nous donnerait $\frac{1^2}{1^1} = 1^1$? L'Intellect, déjà posé sous la forme *moyenne* 1^2, peut donc encore apparaître sous la forme *initiale* 1^1. Mais alors, en supposant qu'il continue d'agir en se modifiant, les produits ultérieurs n'en sauraient plus être aussi caractéristiques que les précédents tout *potentiels* ; et, comme consistant désormais en simples manifestations d'extension ou d'intensité relatives, ils sont tout au plus *formels*. Ici, la suite des opérations ne s'interrompt donc point absolument, mais il y a changement d'ordre, ou saut, du *potentiel* au *formel* ; et, de fait, sont exclusivement *formelles* les trois facultés désormais spécialement attribuables à l'Intellect faisant simple acte *sub-*

jectif (non *objectif*) d'*idée*, de *jugement* et de *raisonnement*.

Malgré la restriction que nous venons de faire, comparées entre elles, ces trois facultés ne sont point impropres à paraître *respectivement* calquées sur les types *potentiels* 1^1, 1^2 et 1^3, mais alors cette graduation doit rester *abstraite* ou *formelle*, comme les dimensions de l'espace pur. L'Intellect, qui les pose, est donc à la fois *abstrait* dans son principe ainsi que dans son mode général d'application, et sous ce rapport il se présente comme l'antithèse du Sens. Le Sens radical est à la fois type universel et singulier de *réel*; l'Intellect radical est de même à la fois type universel et singulier d'*imaginaire*. Mais l'*imaginaire* implique évidemment avant lui le *réel*, d'où il s'extrait par abstraction, et sans lequel on ne le concevrait point, comme on ne conçoit point d'image sans objet. Donc, chez l'Intellect, l'idée d'abstraction prime nécessairement toutes les autres, et sa relation au Sens est celle d'*abstrait* à *concret*, de *produit* à *producteur*, de *fils* à *père*.

Cette importante conséquence une fois obtenue, nous pouvons songer à l'appliquer, en nous demandant, par exemple, si par hasard le Sens radical ne comporte qu'*une seule représentation abstraite* de lui-même, ou s'il ne serait point susceptible de *plusieurs*. S'il s'agit de représentation abstraite *nécessairement* survenue par génération spontanée, nous ne voyons pas la moindre raison de la multiplier, car la nécessité ne se répète point; mais s'il s'agit, au contraire, de représentation abstraite *librement* introduite par imitation de la spontanée naturelle ou par art et réflexion, la multiplication n'en paraît point admettre d'autres limites que celles arrêtées par la liberté même qui la pose. A la *contingence* ou *nécessité* d'origine près, toutes les *représentations abstraites* du Sens radical et générateur doivent cependant se ressembler, comme obtenues par le même procédé général d'abstraction ou comme *abstraites*; et dès-lors elles ne peuvent jamais être du genre de celles que, au début du § 11, nous disions provenir d'*idées préexistantes*. Les idées, filles d'idées, sont des produits de l'*Idée première* (nécessaire ou contingente, peu importe) fécondée par le *Sens* et redevenant alors même concrète par détermination plus ou moins avancée. C'est ainsi, par exemple, que de l'idée générale de parole, d'abord exclusivement *abstraite, interne,* viennent plus tard les idées spéciales de parole *externe, verbale, écrite, figurative,* suivant qu'on incarne l'idée humaine dans un son, un caractère, une figure, etc. Et par là l'on peut déjà comprendre combien les deux procédés d'abstraction et de détermination sont grandement différents l'un de l'autre, puisque dans la *détermination* l'Activité radicale refait *pas à pas,* pour revenir au Sens, le même chemin que, pour s'en éloigner, elle a déjà fait d'*une seule enjambée* dans l'abstraction.

13. Cependant, quelle que soit la différence intrinsèque entre les idées *abstraites* et les *déterminées,* elles ont en commun la propriété d'être *qualitativement* unes ou simples à leur manière. Nous ne saurions dire la même chose du *jugement.* Au lieu que l'idée n'est ou qu'*abstraite* ou que *déterminée* (tantôt plus, tantôt moins) dans son genre, le jugement, dans lequel l'abstrait et le concret, tenus plus ou moins à l'écart par

l'idée, doivent pouvoir se réunir (en cas d'affirmation) l'un à l'autre, tend toujours par là même à rapprocher ou confondre ce que tout d'abord l'idée distingue ou sépare ; mais il a pour cela deux moyens disponibles, qui sont d'aller, soit de l'abstrait au concret, soit du concret à l'abstrait, et sa composition lui vient alors de ce que, au lieu de n'employer que l'un d'eux séparément, il les emploie (sous forme patente ou latente, peu importe) tous deux ensemble, et fait ainsi toujours, par exemple *ostensiblement*, le contraire de ce qu'il fait *secrètement*, à l'instar de l'électricité circulant dans un conducteur enroulé, dont la partie supérieure du courant marche en sens contraire de la partie décrivant l'arc inférieur. S'il est, maintenant, vrai de dire que l'Intellect fait simultanément double trajet dans le jugement, tout jugement implique à la fois, et l'union *primitive* de l'image idéale à l'objet sensible, et l'union *finale* de l'objet sensible à l'image idéale. Mais lequel de ces deux procédés est alors l'ostensible, l'apparent ?

Manifestement, le jugement tout d'abord en fonction est le jugement séparant de l'objet l'image, ou du sensible l'idéal. Car l'objet ou le sensible est ici censé le principe générateur de l'idée, de l'image ; il jouit donc de plus de grandeur ou de puissance qu'elle ou porte un plus haut exposant; et c'est par conséquent à elle (comme prévenue par lui du mouvement d'écart qui la met secondairement en scène comme *sujet*) de revenir à lui comme à son supérieur, désormais inactif toutefois en apparence, sous forme d'*attribut*. Prenons ici pour exemple, à cet égard, ces deux propositions : La vertu est aimable; L'homme est intelligent. Là, le sujet a toujours moins d'extension que l'attribut ; car, évidemment, la vertu n'est qu'une des choses aimables, et l'homme n'est qu'un des êtres intelligents possibles. Alors, pour penser ces sujets, nous abstraisons une partie des sujets auxquels convient par hypothèse l'attribut ; et ce n'est point ainsi l'attribut qui est abstrait, mais le sujet; l'attribut continue de représenter le concret, le principal, la puissance; et quand, ensuite, il s'agit de rétablir l'union, l'idée dérivée ne va pas, à proprement parler, à l'objet, mais elle y revient. En définitive, l'Intellect se développe donc dans le jugement ; et ce développement, qui ne consiste plus dans la simple émission d'un point imaginaire, comme dans la production de l'idée, consiste dans un double mouvement *linéaire* superposé, par aller et retour sur la *même voie*, par exemple, de O en M et de M en O (*fig.* 1).

14. L'acte du *jugement* une fois expliqué, nous devrions immédiatement nous occuper d'expliquer de même celui du *raisonnement* qui lui fait suite, s'il n'importait d'établir ici d'avance quelques principes dont la considération est nécessaire pour l'intelligence des variations accomplies dans cette transformation d'exercice intellectuel.

Par exemple, le jugement consiste *généralement*, comme il vient d'être dit, en un double mouvement par aller et retour sur la *même voie*, comme de O en M et de M en O. Mais O, centre-foyer d'activité, ne peut-il pas être multiple, et figurer tantôt une puissance *sensible* comme l'amour charnel, tantôt une puissance *intellectuelle* comme l'amour platonique, et tantôt une puissance *spirituelle* comme l'amour moral ?...

Il y a donc trois cas essentiellement distincts ou *spéciaux* d'application du jugement en *général*.

Ces trois cas spéciaux d'application de la faculté générale de juger peuvent être conçus maintenant *simultanés* ou *successifs*. Les concevons-nous *simultanés* : irréductibles qu'ils sont déjà par hypothèse, ils constituent nécessairement trois *centralités* différentes, éparpillées dans l'espace intelligible infini, sans autre moyen de communication qu'un acte absolu de libre arbitre. Les concevons-nous au contraire *successifs* : nous comprenons aisément que deux d'entre eux doivent régulièrement fonctionner comme extrêmes, et le troisième comme moyen. Car si l'on consulte, par exemple sur le rang des amours, le sens externe, il donnera le pas au *charnel*, quand le Sens interne (ou l'Esprit) le donnerait au *moral*, et pour lors le *platonique* serait toujours intermédiaire.

Mais, outre la multiplication des forces ou des centres, et le double ordre de succession ascendant ou descendant, il existe actuellement un autre point important à considérer : nous voulons parler du *changement de voie*. Pour éclaircir ce point, nous devons remonter jusqu'au plus fondamental de nos axiomes, l'*identité dans la distinction* ou la *distinction dans l'identité* du Réel et l'Imaginaire. Commençons ici par nous représenter, sur une direction donnée quelconque, en deux points isolés fictifs x et y, les deux idées aussi fictives d'*imaginaire* et de *réel*, dont nous placerons le siége véritable en la position centrale O, comprise entre les deux. Si nous voulons, immédiatement après, les concevoir, non plus fictivement, mais véritablement distincts, en raison même de la différence intelligible essentiellement régnante entre la fiction et la vérité, pour ne pas confondre ou mêler ces deux concepts, nous disposerons cette fois l'imaginaire et le réel *vrais* tout à fait en dehors de la direction où nous les concevions naguère *fictifs*, et par conséquent sur la direction normale à la précédente, dont nous dénommerons les points isolés actuellement occupés par eux, v et z. Les longueurs $x\,y$, $v\,z$, peuvent évidemment être égales ou inégales ; pour nous placer dans le cas le plus simple, nous les supposerons égales : mais dans tous les cas, et c'est ce qu'il importe ici de remarquer, elles sont essentiellement ou radicalement *rectangulaires*; cette rectangularité dépend, en principe, de la transformation de la *variation (par convergence) d'imaginaires en réel*, en la *variation (par convergence encore) de réels en imaginaire*, c'est-à-dire, de la transformation d'intellectuel en sensible ou de sensible en intellectuel; et par conséquent, toutes les fois que désormais en cours d'application de la faculté de jugement, nous serons censés changer de *ressort* ou de *centralité*, comme si nous passions de l'amour *moral* au *platonique*, etc., le double couple actuel de jeux de cette faculté ne devra plus être supposé s'effectuer par aller et venir sur la *même voie*, mais en *deux voies* tout opposées et normales entre elles, dont la *longitudinale* ou *verticale* devra toujours être censée d'ailleurs primer la *transversale*.

Après ces différentes observations incidentes, dont l'utilité ressortira bientôt d'elle-même, nous allons reprendre le fil de notre exposition.

15. L'Intellect, ayant acquis son second de-

gré de développement dans le *jugement*, acquiert le troisième et dernier dans le *raisonnement*, où il trouve par là-même sa fin ou sa perfection relative. L'acte du raisonnement sort du jugement, absolument comme déjà le jugement s'est déduit de l'idée. Soit ici, pour fixer l'attention, le raisonnement suivant (que l'on peut aisément voir représenté dans les *deux côtés VA* et *JV* du carré *AVJV'* et sa *diagonale JA, fig.* 2) :

La Vertu est Aimable ;
La Justice est une Vertu :
Donc la Justice est Aimable.

Là, conformément à ce que nous avons déjà dit § 13, le terme, centre et foyer à la fois, d'où tout émane, et pouvant alors très-bien servir de principe général, est la Chose aimable par excellence ou l'Amour A, dont le premier terme qui se détache est la Vertu V : donc là, *aimable* est naturellement attribut, et la *vertu* sujet. Mais, par la même raison, immédiatement après, et puisque la Justice J n'est qu'une des vertus possibles, Vertu mérite de devenir attribut et Justice sujet. Nous avons donc acquis déjà les trois termes de notre raisonnement, savoir : l'*attribut* (grand terme), le *terme moyen* (copule) et le *sujet* (petit terme).

Mais par quelle *voie* nous sommes-nous mis en possession de ces termes ? Nous les avons obtenus, dans l'exemple cité, par voie *régressive* et *circulaire*. D'abord, par voie *régressive*, puisque leurs indices implicites respectifs vont en diminuant d'une unité, comme ceux des formules 1^3, 1^2 et 1^1, l'attribut étant censé l'emporter autant en extension sur le terme moyen que le terme moyen sur le sujet. Puis, par voie *circulaire*, car le seul moyen de disposer convenablement ces termes est de les ranger, non en ligne droite, mais en rectangle avec coude en V, comme il est marqué sur la *fig*. 2. Dès-lors, en effet, qu'on admet une série de trois forces dérivant l'une de l'autre, en supposant qu'elles ne doivent point se nuire (et de prime-abord, § 14, il n'y a pas de raison pour ne pas le supposer), elles doivent s'infléchir au moins rectangulairement au sein de la moyenne, impartiale entremetteuse entre les deux extrêmes. Ainsi, l'union de jugement qui rallie V à A tenant par hypothèse la direction *trans-*

versale VA (§ 14), l'union de jugement qui rallie J à V doit tenir la ligne ou direction *longitudinale* VJ. L'union finale ou concluante de jugement, cette fois déductif, ou de raisonnement, nous permettra, seule, de rallier diagonalement J à A suivant la droite JA ; mais, avant de tirer cette conclusion, nous devons expliquer comment elle est possible.

Les actions des forces, opérant dans les unions et directions *spéciales* VA, JV, s'exercent et s'épuisent en quelque sorte sur place ; il n'en est pas de même actuellement de l'union *résultante* ou *rationnelle* rattachant l'un à l'autre les termes extrêmes J et A par le moyen de V, qui ne comporte plus un arrêt de cette sorte, mais au contraire mouvement et rotation. D'abord V, n'ayant point le degré de puissance active ($=1^3$) de A, mais surpassant le degré de puissance initiale ($=1^1$) de J, se trouve naturellement compris entre ces deux termes, comme respectivement doué du degré de puissance moyenne ($=1^2$). Puis, quel peut être le rôle moyen de V compris entre A et J ? Ce rôle est clairement celui d'équivalent alternatif pour chacun de ces deux autres termes, et tel alors qu'il est parfaitement loisible de poser désormais, sous un nouveau point de vue progressivement descendant, tantôt A = V, tantôt V = J. Puisque, en effet, on égale ensemble *aimable* et *vertu*, ou *vertu* et *justice*, l'on a nécessairement ces deux égalités ainsi logiquement exprimables : tout *principe* est identique au *moyen*, tout *moyen* est identique à la *fin*. De plus, partant de là, la logique se fondant sur cette autre proposition, tenue pour évidente, que deux choses identiques à une troisième sont identiques entre elles, on déduit aussitôt cette autre conséquence que le *principe* et la *fin* sont identiques encore ; mais, cette conséquence seule — et non cette dernière démonstration des logiciens — étant ici l'objet de nos observations, nous nous attacherons, pour l'obtenir, à considérer en particulier comment, envisagés hors du terme moyen au sein duquel les deux extrêmes ne se raccordent qu'indirectement, ces deux derniers en diffèrent chacun, en plus ou moins, d'une unité. Le principe *aimable*, par exemple, comparé à *vertu* diviseur, donne $\frac{1^2}{1^2} = 1'$; et la fin *justice*, comparée de même à *vertu*, mais à *vertu* cette fois dividende, donne $\frac{1^2}{1'} = 1'$. Par double rôle, le terme moyen réduit donc à l'égalité les deux extrêmes, qui sont désormais, après réduction commune au plus bas degré de la puissance, directement associables en diagonale ; mais aussi, par suite de cette intervention oblique du terme moyen, la voie propre à fournir ce résultat n'est point, comme nous l'avons déjà dit, une ni rectiligne, mais double et rotatoire.

Si le lecteur a compris de lui-même ici que, dans le *raisonnement*, le *grand terme* est à la fois capable de trois rôles, comme le *terme moyen* de deux, mais le *petit terme* d'un seul, nous ne croyons pas avoir besoin de rien ajouter pour l'éclaircissement de ce qui précède, et nous pensons qu'il pourra de lui-même entrevoir dans cet ensemble de procédés le secret de la propagation sinueuse de la lumière ainsi que la raison du bon ou mauvais fonctionnement du libre arbitre dans l'emploi collectif des deux forces *centripète* et *tangentielle* par la force *moyenne* V; mais l'entière résolution de ces divers problèmes implique la complète intelligence des trois forces du troisième ordre que nous ne connaissons pas encore. Nous allons donc nous occuper désormais de ces dernières.

16. Nous rattacherons cette nouvelle étude à ce que nous disions naguère (§ 14) de l'Amour, qui est bien le suprême principe ou foyer d'action, et par là même aussi de toute force, non seulement intellectuelle ou physique, mais morale. Laissant aux forces physiques le nom de *force;* attribuant ensuite aux forces intellectuelles le nom de *faculté,* nous avons réservé spécialement aux forces morales le nom de *grâce.* Si l'Amour est réellement la force par excellence, ce changement de dénomination et le choix même du nom nous semblent être déjà par cela seul justifiés d'avance. Nous ajouterons seulement que, le mot Amour étant susceptible d'être pris dans un sens *charnel* ou *platonique* aussi bien que *moral*, il convient de le remplacer par son équivalent exclusivement moral, la *Bienveillance.* Cette substitution du mot Bienveillance au mot Amour une fois faite, les trois forces morales ou

du troisième ordre sont faciles à trouver, quoique inconnues dans ce sens à tous les moralistes anciens et modernes, même à Herbart, le plus près de la vérité sous ce rapport ; elles se nomment *prévenance*, *reconnaissance* et *complaisance*.

Incontestablement, il y a des actes de *prévenance*, et quiconque prévient, a l'initiative de l'acte vis-à-vis du prévenu. Mais ce dernier, quoique prévenu d'une part, peut encore avoir l'initiative de la *reconnaissance* de l'autre ; et, d'ailleurs, il est certain qu'il y a des actes de reconnaissance. Enfin, en l'absence ou en dehors des occasions où l'on peut faire acte de prévenance ou de reconnaissance absolues, quand par exemple il y a réunion de deux ou trois êtres établis sur le pied de l'égalité la plus parfaite, ne leur est-il pas possible de se lier plus ou moins intimement en s'acceptant tels qu'ils sont ou bien en faisant acte de complaisance? Ce nouveau cas est évidemment possible ; il est encore souvent actuel. Donc il y a trois forces morales ; et ces forces méritent d'être exclusivement nommées *grâces*, parce qu'elles partent du cœur et sont essentiellement volontaires.

Maintenant, de ce que les trois actes de Bienveillance *prévenante, reconnaissante* et *complaisante* sont éminemment *gracieux*, on pourrait aisément s'imaginer qu'ils sont de même simplement *facultatifs* ou même *arbitraires* en principe. Il n'en est rien, cependant, car ils sont strictement *obligatoires*, indépendamment de toute co-action et de tout intérêt personnel ; et c'est en établissant ici ce dernier point que nous reconnaîtrons comment ils méritent vraiment le nom de force, sans jamais pourtant en jouer le rôle *actif* aux deux points de vue *physiquement* ou *formellement* impulsifs du Sens et de l'Intellect.

17. Le Sens, agissant seul dans son ressort, contraint ou nécessite. L'Intellect, agissant de même seul à son tour, ne contraint ni ne nécessite, mais incline ou provoque. L'Esprit agissant de même seul, comment fera-t-il alors pour déterminer ou faire faire, sans pourtant rien faire par lui-même ? Il le fera, lui *passif* : d'abord, en donnant l'exemple ou se montrant *prévenant* ;

puis, en profitant de cet exemple ou se montrant *reconnaissant*; enfin, en se faisant tout à tous, ou se montrant *complaisant*. Quiconque prévient, agit d'abord sans contredit bénévolement, gratuitement, spontanément ou sans cause (physiquement ou formellement) impulsive actuelle. Mais, par ce même acte de prévenance, exerce-t-il la moindre influence *active* sur l'être dont il peut obtenir ainsi la reconnaissance? Nullement, car ce dernier, n'ayant rien demandé, ne peut être strictement tenu à rien (sauf la reconnaissance *intérieure*). A bienfait libre et gratuit, retour égal. Dans la pratique de la complaisance il en doit être de même, à plus forte raison ; car, ici, l'on se prête souvent à des égards dans une foule de cas où l'on serait au contraire très-tenté d'en manquer, et l'on fait ainsi seulement par vertu le sacrifice de ses goûts à l'union : on n'agit donc alors dans le sens d'aucuns stimulants positifs, mais plutôt en sens contraire ; on agit donc bien gratuitement.

Cependant, dans tous ces cas, on ne laisse point d'être *déterminé*, sinon activement, au moins *passivement*. Il y a là, ce semble, contradiction dans les termes, nous ne le nierons pas ; mais elle s'y trouve aussitôt enlevée que posée, par une sorte de réaction interne qui déplace et transforme la causalité sans l'annuler complétement. Par exemple, le contraste entre le riche et le pauvre peut être un motif *passivement* très-déterminant, pour le pauvre, de haïr le riche, et, pour le riche, de plaindre le pauvre. Cet effet des situations n'est rien d'*actif* portant dans le cœur du pauvre la haine, ou dans le cœur du riche la pitié ; mais c'est une occasion au pauvre, au riche, d'*émettre* de pareils sentiments bons ou mauvais, suivant les circonstances. Alors, les *motifs* d'agir sont *passifs* (comme *passions* ressenties), et les *volontés* sont *actives*. Ainsi, souvent on agit spontanément à la seule *pensée* du bien ou mieux possible, au seul *ressouvenir* d'un service rendu mais acquitté depuis longtemps, ou bien encore en simple *prévision* de services à rendre à des êtres en devant ignorer à jamais la provenance. De tels *actes* ne sont pas seulement possibles, ils sont familiers à tous les cœurs honnêtes, généreux ou désintéressés, et constituent la vertu même. Ces actes moraux, très spontanément émis, ne sont pas pour cela moins rigoureusement déterminés que les actes *physiques* ou *rationnels*; mais, au lieu de l'être, comme ces derniers, *activement*, ils le sont *passivement*; et de là vient que, survenant, ils sont ou les seuls ou les plus méritoires.

18. L'existence d'actes spontanés dans l'ordre moral n'est pas seulement expérimentalement démontrable; elle est encore analytiquement explicable dans les principes admis.

D'abord, Dieu, trésor et foyer inépuisable de Bienveillance, peut évidemment *prévenir*. Car, placé (par un privilége naturel incommunicable à la créature) au sommet de la puissance t⁵, il a primitivement, en l'absence de toute cause étrangère possible d'arrêt ou d'achoppement, une infinie latitude d'exercice dans les trois ressorts du Sens, de l'Intellect et de l'Esprit, et, comme tout le domaine de la contingence est alors ouvert ou libre devant lui sans limites assignables, il y réalise à la fois, par *plaisir*, par *goût* et par *vertu*, ce qu'il aime, en y harmonisant ses trois puissances infinies sensible, intellectuelle et spirituelle.

Au contraire, la Créature, n'intervenant qu'après Dieu, ne saurait évidemment avoir envers lui la puissance de le *prévenir*; mais il lui reste toujours la faculté secondaire de correspondre à son amour prévenant ou de le *reconnaître*. Car, quoique réduite par elle-même au second rang de la puissance 1^2, elle a toujours, dans le plan des deux forces radicales AV et VT qui l'encadrent, toute la plénitude (au degré près) de libre exercice que nous disions naguère convenir à Dieu lui-même dans les trois dimensions. Ce n'est point, alors, la prérogative d'initiative seulement secondaire ou partielle qui peut en vicier l'exercice ou marquer l'infériorité, car une simple limitation d'exercice peut passer pour un pur accident; c'est plutôt la dangereuse ou critique faculté de répondre par l'ingratitude, aussi bien que par la reconnaissance, aux avances divines, et de faire ainsi tourner contre elle-même, et par abus, des faveurs exclusivement octroyées de prime-abord à son avantage. Rien n'est, du reste, plus aisé que de se rendre ici raison (le libre arbitre toujours présupposé) de cette déchéance.

Revenant sur la *fig.* 2, après nous être rappelés qu'il existe trois sources bien distinctes d'exercice relatif, l'une radicale, l'autre secondaire, et la troisième finale, nous remarquerons que la première (A), centre foyer d'action, est assimilable au *centre de gravité* de tous ensembles réels ; que la seconde (V), simple foyer d'action, est assimilable au *centre de figure* de tous ensembles formels ; et que la troisième (T), moindre encore ou simple principe d'exercice linéaire, ne doit alors pouvoir marcher qu'à la remorque des deux autres, au point (car il ne s'agit plus ici du troisième terme de raisonnement J) de se confondre tout à fait avec la *force tangentielle*, dont le lieu d'application et la direction nécessaires nous sont déjà connus (§ 7). Ainsi, bien renseignés déjà sur les conditions d'exercice des forces, nous pouvons les regarder agir. La première puissance (A), comme centre-foyer d'action, ouvre la voie des applications objectives, et porte ou place tout d'abord en V la seconde puissance (V), simple foyer d'action à son égard. Quoique très-passive dans son installation, cette seconde puissance n'en est pas moins active en elle-même, de suite après son installation : elle entre donc en scène à son tour; mais nous savons (§ 7) que, par le retranchement à son exposant d'une unité, le nombre des forces impulsives chez elles a dû descendre de trois à deux, et qu'elle est intrinsèquement ainsi douée des seules forces *centripète* et *tangentielle* appliquées suivant AV et VT, dont la résultante la mène (en supposant les composantes instantanées) instantanément de V en V'. Amenée de cette manière de V en V' suivant la résultante V V', la puissance moyenne (V) n'a pu changer ni de nature ni de position absolue, mais, outre qu'elle a changé manifestement de position relative, elle a dû changer encore d'état, tant interne qu'externe. Le changement d'état externe est évident, car, en V, la puissance (V) subissait l'influence du seul couple de composantes AV et VT, et en V' elle tombe sous l'influence possible de deux couples nouveaux et contraires, qui sont V'T, et V'A d'un côté, V'T, et V'A' de l'autre. Mais le changement d'état interne n'est pas moins apparent. Au lieu d'arriver, en effet, en V′ comme elle était en V, la puissance moyenne (V) y arrive animée d'une vitesse proportionnelle à VV′, qui ne l'emporte pas seulement en valeur absolue sur chacune des deux composantes AV et VT d'où elle émane, mais est en outre essentiellement incommensurable avec chacune d'elles, et possède alors en V′ un excédant de passion ou de force, non immédiatement réversible sans doute au dehors en toute circonstance, mais pouvant néanmoins le devenir, pour peu que, profitant de sa liberté radicale, elle veuille s'en prévaloir, aussi bien pour l'introduction d'un nouvel ordre de choses que pour le maintien du précédent. Car, si par hypothèse la puissance (V), parvenue en V′, trouve le précédent parfait et continue de s'en inspirer absolument ou du moins principalement, elle le laissera dérouler après comme avant, et se portera par conséquent de V′ en V_1, comme elle s'est déjà portée de V en V′. Mais si, dans son transport de V en V′, la puissance moyenne (V) n'attache pas moins de prix au renversement de l'ordre ancien qu'à sa conservation, arrivant en

V' elle profitera naturellement de la faculté lui revenant de l'équation $\overline{VV'^2} = \overline{AV'^2} + \overline{V'T^2}$, pour débouter $\overline{AV'^2}$ de sa position, lui substituer $\overline{V'A'^2}$, et, moyennant le concours obligé de $\overline{V'T^2}$, se porter de V' en V". Le choix entre l'ordre ancien ou nouveau dépend donc exclusivement, au point V', de la prépondérance, en la puissance moyenne, de la *fantaisie* sur la *reconnaissance*, ou réciproquement[1]. Quand cette puissance, qui représente (A) par *souvenir* et (A') par *prévision*, arrive en V', si ces impressions actuelles sont égales, elle ne doit pas plus, par indifférence, vouloir aller en arrière qu'en avant ; mais, pour peu qu'elle ajoute alors de son propre fond au donné primitif, soit par un reste quelconque d'affection pour le *passé*, soit par un regard d'espérance préférablement jeté sur l'*avenir*, le partage est de suite fait et la détermination prise,

---

[1] Crime dans l'ordre *moral*, l'esprit d'innovation est, au contraire, une perfection dans l'ordre *physique*. De là, le double précepte : *Hæc oportuit facere, et illa non omittere*. Mais qui s'entend à mettre et maintenir en constante harmonie les contraires ?

non en vertu d'une influence étrangère, mais seulement en vertu du libre choix fait entre deux motifs déterminants, dont le plus déterminant n'est pas moins irresponsable que l'autre, puisqu'ils sont tous les deux inactifs, et que toute la responsabilité de l'acte demeure en conséquence à la charge de la puissance *active*, qui profite d'une occasion favorable donnée pour intervenir et traduire le possible en actuel ou réaliser l'imaginaire (§ 17).

L'intelligence des deux premiers actes moraux ménage celle du troisième : la *complaisance*. Dans les actes de cette dernière espèce, il n'y a plus de relations entre puissances *supérieure* et *moyenne* à observer, mais seulement des relations entre êtres égaux et du plus bas ordre, comme le seraient plusieurs termes égaux au sujet J du § 15 (*fig*. 2). Réfléchissant sur la nature de semblables rapports exclusivement *actuels*, on ne tarde pas à s'apercevoir que le fond ou l'objet en est radicalement arbitraire, puisque les termes multiples, J, J,... ne sont que ce qu'ont voulu les faire leurs auteurs (A) et (V) ; mais que, d'un autre côté, ces différents termes ne s'étant pas faits eux-mêmes, leur constitution respective est, pour eux-mêmes, une incontestable nécessité de fait. Associés de plus haut, ils sont donc moralement obligés, s'ils ne peuvent ou veulent vivre seuls, de s'accepter tels qu'ils sont. Le font-ils ? Ils se montrent alors complaisants ; et cette nouvelle vertu par laquelle ils savent s'accommoder ensemble, comme impliquant naturellement la double condition de *libre arbitre* (au moral) et de *force majeure* (au physique), nous ramène par là-même au type suprême et primitif de la Bienveillance, dont l'essence consiste à renvoyer constamment tout le *passif* à la cause et tout l'*actif* au vouloir (§ 17).

19. Dans les derniers paragraphes (17 et 18), nous venons de résoudre une énorme difficulté qui, jusqu'à ce jour, avait déconcerté toute la sagacité des théologiens et des moralistes ; nous voulons parler de celle qui consiste à concilier la grâce avec la liberté. Cette insurmontable difficulté provenait de ce qu'on ignorait (au moins scientifiquement) ces deux vérités maintenant

établies : 1° que l'homme est vraiment capable d'*initiative absolue*, réelle ; 2° qu'il existe un mode vrai, réel de *détermination toute passive*. Cependant, saint Paul s'était assez clairement exprimé sur ces deux points à la fois, quand il avait dit (Phil., II, 13) : *Deus est enim qui operatur in Vobis et Velle et perficere, pro bonâ voluntate*; c'est-à-dire, équivalemment : *Il appartient à Dieu de donner le vouloir et le parfaire; à vous, de bien vouloir*; mais on ne l'avait pas compris. Évidemment, l'Apôtre, disant que Dieu nous donne le *vouloir*, n'a pu vouloir dire que Dieu veut pour nous et nous dispense de vouloir par nous-mêmes, puisque dans ce cas il n'existerait plus pour nous ni liberté ni mérite. De plus, le même Apôtre, enseignant que Dieu nous donne, non de *faire* (qu'on le remarque bien), mais de *parfaire*, nous insinue manifestement que le *faire* reste à notre charge. Alors, l'Apôtre, attribuant à Dieu le *vouloir* et le *parfaire*, s'exprime comme s'il disait : le *commencement* et la *fin* de notre bonne volonté sont de Dieu, mais la bonne volonté même ou le *milieu* est de nous. C'est là justement notre manière de voir, et c'est alors pour l'établir ou justifier clairement que nous avons introduit la distinction des trois actes moraux de prévenance, de reconnaissance et de complaisance, attribuant, d'abord, à Dieu la *prévenance* (*Deus prior dilexit nos*, I Joan., IV, 19); puis, à l'homme la *reconnaissance* (*Nos ergo diligamus Deum*, Ibid.); et enfin, à Dieu et à l'homme en commun, mais par là même à Dieu plus spécialement, la *complaisance* (*Unus Spiritus est*, I Cor., VI, 17). Qu'ont dit à cet égard, au contraire, les théologiens? Les Thomistes, par exemple, attribuant à Dieu la simple *prémotion physique* de nos bonnes œuvres, n'ont point dit assez, car la prémotion dont Dieu nous favorise pour le bien est essentiellement *morale*. Les Jansénistes, au contraire, attribuant à Dieu tout le bon vouloir et ne nous en laissant que le profit, ont dit trop, car notre part au bien ne saurait être nulle: nous ne sommes pas des automates. Dans notre explication, toutes ces conditions restent parfaitement distinctes: Dieu nous prévient, nous le reconnaissons; notre bon vouloir s'élève sur le bon vouloir de Dieu, comme la branche d'un arbre sur le tronc ; et le fruit de vie qui vient ensuite nous est sans doute, *en principe*, commun avec Dieu ; mais, *en fait*, il est le fruit unique de Dieu ; de même, par exemple, que l'enfant, *en principe* issu de père et mère, reste *en fait* le fruit unique de la mère qui lui donne — sauf la première impulsion — tout ; à savoir : forme, sang, lait, nourriture, abri, corps et langage. Toutes les actions individuelles s'absorbent en dernière analyse dans la complaisance, comme toutes les différences finies dans l'infini.

20. Nous avons voulu parler raison dans tout ce qui précède. Si nous cherchions maintenant à l'appliquer en exigeant le même degré de certitude dans toutes les applications que nous pourrions en faire, quelques pages ne pourraient évidemment suffire à l'exposition du large système d'idées édifiable sur cette première base; aussi nous ne l'entreprendrons point, et, donnant désormais un libre cours à notre imagination, nous admettrons, entre les trois classes d'êtres *complaisants, reconnaissants* et *prévenants*,

une harmonie finale d'après laquelle, le niveau des plus inférieurs atteignant celui des moyens, et le niveau des moyens atteignant de même celui des plus élevés, tous les êtres moraux se trouvent enfin au suprême niveau du Sens absolu radical, d'où descend en premier lieu tout don parfait (Jac., I, 17). A ce nouveau point de vue final (et non primitif par conséquent), le Sens absolu radical n'est plus, seul, principe d'initiative ou de vitesse ; mais, de *fait,* cette initiative est en tous les êtres moraux consommés en gloire et béatitude. Au lieu d'une seule diagonale émanant de V (*fig.* 2), nous pouvons donc en imaginer une autre semblable émanant de J. De plus, si nous tenons compte de l'*intensité* des forces présupposées *planes* jusqu'à cette heure, le carré décrit se change en cube à sommets tous égaux et semblablement reliés entre eux, comme il est marqué *fig.* 3. Ainsi, le Monde, constitué dans son état le plus parfait, prend finalement la figure indiquée par l'apôtre saint Jean en ces termes (Apoc., XXI, 16): « Et la ville est bâtie en carré ; et sa longueur est égale à sa largeur, et sa longueur, sa largeur et sa hauteur sont égales ». Mais, dans ces paroles, saint Jean ne décrit que l'aspect immanent ou statique du monde divin surnaturel. Pour en avoir la représentation active ou dynamique, nous entendrons le prophète Ézéchiel qui nous parle (I, 16) « d'une figure (vue de loin) quadrilatère, mais (vue de près) composée de quatre roues tournant sur leurs axes, et de plus se mouvant incessamment de long en large et de bas en haut sans jamais revenir sur elles-mêmes, et (vue de plus près encore) se décomposant, par chacune de ces roues, en une multitude de nouvelles petites roues élémentaires, semblables à des yeux et toujours animées des mêmes mouvements de rotation, de translation et de révolution. » Cependant, les deux descriptions statique et dynamique du Monde ainsi tracées par la Révélation sont loin de nous le dépeindre tel qu'il nous apparaît journellement dans le milieu que nous habitons; et, pour pouvoir nous le représenter dans son idéale réalité, nous en entr'ouvrirons en quelque sorte l'enveloppe apparente et le diviserons en deux parts, discernables comme bas et haut, ou principe et fin, entre lesquelles il nous sera possible alors d'en insérer une troisième ou moyenne, plus conforme au tableau tombant journellement sous nos regards.

Compris entre l'extrême extension et l'extrême intensité comme entre deux limites absolues, le monde visible évolue journellement à l'instar d'un bourgeon d'abord à peine perceptible, qui se développe ensuite progressivement en tige, branches et rameaux, jusqu'à l'épanouissement complet du principe intensif ou extensif. Au fur et à mesure des êtres alors mis au jour ou des événements réalisés, et parce que chacun d'eux a l'air de mettre, tour à tour à son heure, fin à tous les précédents, nous pouvons les ajouter et nous les ajoutons même successivement, à ce titre de *fins* provisoires ou relatives ; et leur ensemble formel est par conséquent un ensemble de fins. Par la même raison, comme l'activité n'apparaît stationner que momentanément en chacun des êtres ou des événements réalisés, chacun d'eux ne joint pas moins en apparence, au rôle de *fin* actuelle de tout le passé, le rôle inverse de *principe* actuel pour tous les êtres ou les événements futurs ; et de nouveau l'ensemble de tous ces principes partiels réunis est un ensemble homologue de principes. Les deux *ensembles* de fins et de principes peuvent être, maintenant, envisagés sans difficulté comme *fin et principe absolus* ; et, les considérant sous cet aspect, nous devons voir du même coup, dans la fin et le principe absolus comparés, une sorte de personnification de l'*extension* et de l'*intensité* mêmes. Car l'Activité qui se déploie comme un ressort dans l'espace, est conçue d'abord tout intensive avant le déploiement, et tout extensive après ; mais le resserrement initial, correspondant à la période d'intensité, précède et conditionne manifestement le déploiement ou l'état extensif final, qui lui fait suite. Donc les deux ensembles de principes et de fins ou (ce qui revient au même) le *principe* et la *fin absolus* sont entre eux comme *involution* ou *évolution* réelles ; et, bien qu'alors ces deux périodes d'activité s'impliquent et se correspondent toujours, elles ont objectivement le sort bien inégal d'être, l'une tout impercevable, à côté de l'autre éblouissante de grandeur et d'éclat. Telle est, en effet, l'extension, telle est aussi l'intensité. Mais l'extension décroît, sans disparaître tout à fait, jusqu'à la limite zéro. Donc c'est au-dessous de zéro que l'intensité doit se déployer en quelque sorte négativement, pour tenir tête à l'extension réelle ou positive.

Soient donc l'*extension* et l'*intensité* les deux formes initiale et finale de tout le devenir, dont l'une ou la plus puissante, comme existant en l'état *négatif*, n'apparait ni ne peut même apparaître immédiatement, et dont l'autre ou la simplement actuelle, comme existant radicalement en l'état au moins élémentaire 1 ou $\frac{1}{2}$, n'apparait pas seulement un tant soit peu dès le principe, mais peut encore fournir, en s'agrandissant de plus en plus, à la précédente tout d'abord invisible, l'occasion de révéler de plus en plus son infinie puissance interne : le devenir accompli dans ces conditions sera nécessairement une incessante combinaison de plus en plus objectivement apparente de *négatif* et de *positif* en termes consécutifs de nouveau comparables à bourgeon s'étalant en tige, branches et rameaux; non sans doute dans une seule direction, mais dans une foule de directions à la fois, et par conséquent en manière, ou d'une sphère ou d'un cube incessamment croissants, depuis le centre, qui est l'origine du mouvement apparent, jusqu'à la dernière courbe ou surface reculable à l'infini.

Maintenant, tandis que le développement des êtres et des événements se fait, à partir de l'unité radicale, par redoublement incessant de l'élément primitif sous l'influence de la force négative infuse, et que ce redoublement est d'ailleurs possible dans une *foule innombrable* de systèmes, mais surtout dans les *trois* suivants (Sièges possibles des trois mouvements *uniforme*, *uniformément varié* et *diversement varié*) :

α	1,	2,	3,	4,	5,	6,	7,	8,	9....
β	1,		3,		5,		7,		9....
γ	1,			4,					9....

Il reste à savoir quels sont, entre tous ces systèmes également possibles, ceux dont la Nature a fait choix. Eh bien ! elle a fait choix justement des trois que nous venons de proposer en exemple. Il est inutile d'insister ici sur la nécessité du premier, qui est évidente. Le second ni le troisième ne sont plus aussi nécessaires de fait ; mais en raison ils s'impliquent l'un l'autre, et, quand on étudie les phénomènes naturels, l'analyse nous démontre que, quand les *effets* se groupent dans le système β), les *forces* se groupent de leur côté dans le système γ). Mais nous savons déjà que les *forces* et les *effets* sont entre eux dans le rapport de l'*intensité* à l'*extension*, ou de l'*involution* à l'*évolution*, ou du *négatif* au *positif* ; nous savons également que l'*intensité* et l'*extension*, ou l'*involution* et l'*évolution*, quoique *relativement* très-différentes et même contraires, sont pourtant *absolument* identiques, et par là-même ne comportent ni d'autres espaces ni d'autres temps absolus, mais doivent seulement, sans séparation radicale possible, comme se déroulant en deux systèmes formellement distincts et même disparates, apparaître subsister côte à côte : la plus puissante, en laissant plus de vide entre ses termes; la plus faible, en les multipliant au contraire et resserrant ses séries. Jetant après cela les yeux sur le monde objectif et cherchant à reconnaître, parmi les êtres pensants en général, les représentants possibles des mêmes types, nous ne pouvons avoir la prétention d'y découvrir immédiatement les détenteurs du type tendantiel ou dynamique γ) déjà reconnu tout d'abord invisible en lui-même, mais nous pouvons nous attendre à découvrir les détenteurs du type simplement actuel ou statique β), toujours subsistant respectivement au rang d'effets et non de forces. Donnant alors aux représentants invisibles mais malgré cela bien certains de la force le nom d'*anges*, nous donnerons à leurs associés de moindre degré, réduits à jouer le rôle d'effets, mais cette fois bien visibles et palpables, le nom d'*hommes*. En conséquence, les différences d'homme à homme sont des différences de *fait*, les différences d'ange à ange sont des différences de *base*, et les différences d'homme à ange sont des différences d'*ordre* ou de *degré*. Les différences de *fait* n'entraînent que des inégalités de rang ; les différences de *base* impliquent des inégalités de fonction : au-dessus de toutes les inégalités de rang et de fonction planent les trois puissances absolues radicales originairement discernables entre elles, non plus par la fonction ni le rang, mais par leurs seuls caractères *natifs* ou *naturels*, essentiellement invariables.

21. De tout ce grand ensemble de genres, d'espèces ou d'individualités, rien n'existerait, maintenant, sans les neuf forces radicales successivement étudiées dans cet écrit et rangées de trois en trois dans l'ordre suivant : *attraction, répulsion, impulsion* ; *idée, jugement, raisonnement* ; *prévenance, reconnaissance, complaisance*. Au point de vue de la Nature *tronquée*, l'on dirait que les trois forces du premier ordre sont les plus réelles ou les plus puissantes; mais au point de vue de la Nature *entière* ou du Surnaturel, il faut dire précisément tout le contraire. Car, ici, les trois forces du troisième ordre sont les vraies *causes*; et, si les forces du second ordre restent les vrais *moyens*, les forces du premier ordre ne sont plus que des *façons d'agir* des puissances des deux ordres supérieurs, dont on ne s'aperçoit même, au moment de leurs applications ou à leur terme, qu'en manière d'abstraction ou d'entités imaginaires, naturellement propres à tout représenter (apparent ou réel, peu im-

porte), comme exprimant de simples rapports d'espace, de temps ou de vitesse. Mais, dans chaque ordre de forces, les vraies causes *initiales* elles-mêmes se réduisent aux trois premières en chaque genre et spécialement attribuables à Dieu seul comme siége de la *force*, père de l'*intelligence* et principe de l'*amour*.

FIN.

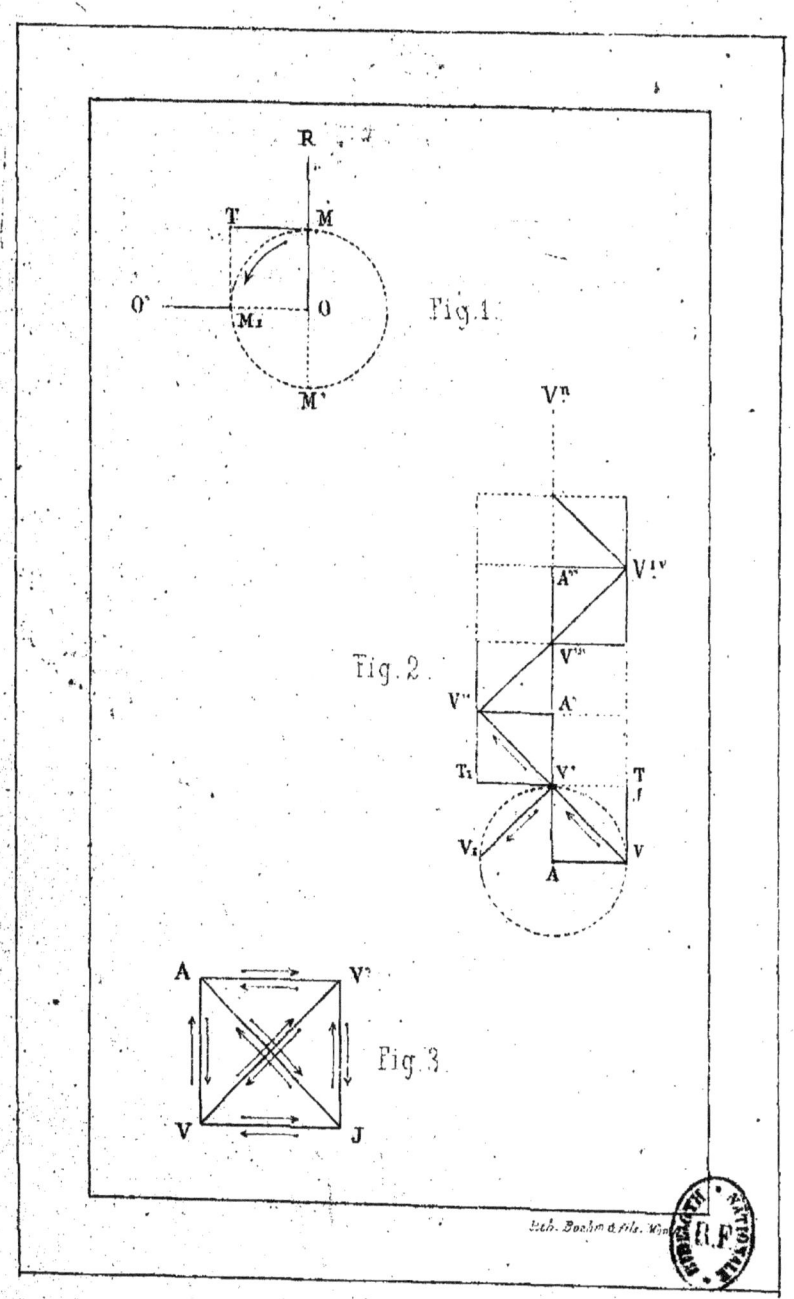

TABLE DES MATIÈRES

	§§
Avant-Propos....................................	
Introduction ; acception variable des mots Naturel et Surnaturel........................	1
Vrai sens des mots Naturel et Surnaturel, et détermination de leurs caractères distinctifs.	4
Énumération des vrais principes respectivement absolus, pouvant être à la fois surnaturels et naturels...........................	6
Forces physiques................................	7
Facultés intellectuelles.........................	10
Grâces spirituelles..............................	16
Tableau du monde en général et résumé de ce travail.......................................	20

FIN DE LA TABLE.

En Vente chez SEGUIN, Libraire

rue Argenterie, 25, à Montpellier

OUVRAGES DU MÊME AUTEUR

Examen de la rationalité de la Doctrine Catholique. 1 vol. in-8°. 1849.

La clef de la Philosophie, ou la vérité sur l'Être et le Devenir. 1 vol. in-8°. 1851.

Traité des Facultés. 1 vol. in-8°. 1859.

De Categoriis. Dissertatio philosophica. 1 vol. in-8°. 1859.

Principes fondamentaux de Philosophie mathématique. 1 vol. in-8°. 1860.

De la pluralité des mondes. 1 vol. in-12. 1861.

Traité des Actes, Sommaire de Métaphysique. 1 vol. in-12. 1862.

ÉTUDES DE PHILOSOPHIE NATURELLE.

N° 1. Système des trois règnes de la nature. 1 vol. in-12. 1864.

N° 2. Réponse directe à M. Renan, ou démonstration philosophique de l'incarnation. 1 vol. in-12. 1864.

N° 3. De l'expérience de Monge au double point de vue expérimental et rationnel. 1 vol. in-12. 1869 (3e édition).

N° 4. De l'ordre et du mode de décomposition de la lumière par les prismes. 1 vol. in-12. 1870.

N° 5. De l'ordre et du mode de décomposition de la lumière par les prismes ; Nouvelles preuves à l'appui. 1 vol. in-12. 1872.

N° 6. Sens et rationalité du dogme eucharistique. 1 vol. in-12. 1872.

www.ingramcontent.com/pod-product-compliance
Lightning Source LLC
LaVergne TN
LVHW050611090426
835512LV00008B/1439